Texto

Ilustraci

MW01620401

¿CÓMO SE PIDEN LAS COSAS?

por Graciela C. de Cortés, finísima persona

A Tina y Nanda,
mis dos Lucías.
A. N.

Soy la madre de Lucía,
una niña de verdad
que no dice ***por favor***
ni de noche ni de día.

¿A quién se parecerá?

Solo dice
"dame eso",
"dame un plato",
"dame un hueso",
"dame un dulce",
"dame un peso",

pero nunca **por favor,**
nunca, nada, **por favor,**
nunca, nada, nunca, nada,
nunca, nada, **por favor.**

Una tarde
de visita
en la casa
de su tía
la vergüenza fue mayor
cuando quiso ver Lucía
el sombrero de un señor.

"Quiero ver ese sombrero",
dijo bárbara y mandona.

"No se pide así la cosa",
respondiole el caballero.

"Quiero ver ese sombrero",
repitió y se puso roja.

"No se pide así la cosa",
respondiole el caballero.

"¡¡¡Quiero ver ese sombrero!!!",
rematò y se echó en la alfombra.
"No se pide así la cosa", respondiole el caballero.

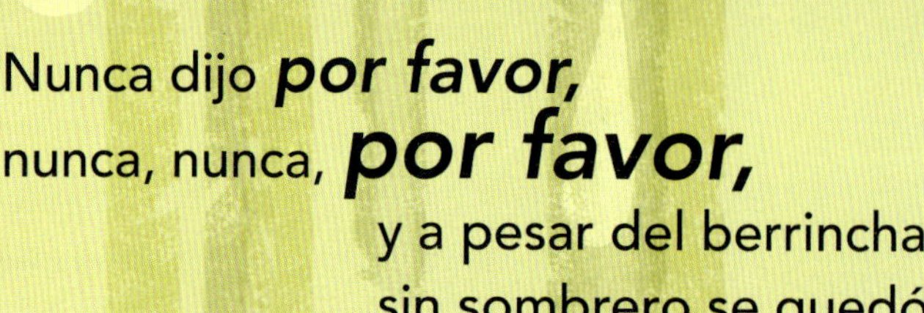

Nunca dijo ***por favor,***
nunca, nunca, ***por favor,***
y a pesar del berrinchazo
sin sombrero se quedó.

Sin embargo, cierto día
en la escuela vio a Nabor,
un niñote cachetón
que las cosas no pedía
nunca, nunca, ***por favor***.
El escuincle en el recreo
se portaba así de feo:
"dame fruta",
"dame jugo",
"dame papas",
"dame torta".

"¡Soy Nabor y no me importa decir nunca **por favor!**".

Nunca, nada, ***por favor,***
nunca, nada, nunca, nada,
nunca, nada, ***por favor.***

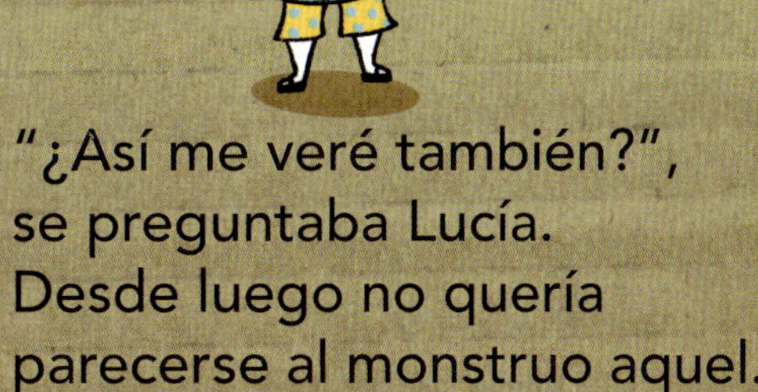

"¿Así me veré también?", se preguntaba Lucía. Desde luego no quería parecerse al monstruo aquel.

Llegando a casa ese día
Lucía triste decía:

"¡Soy igualita a Nabor!
¡Ayúdame, ***por favor***!".

Pues has empezado bien
pidiéndolo ***por favor.***
Tendremos esa lección
y la de ***gracias*** también.
Por favor es la manera
educada y respetuosa
de pedir alguna cosa.
Si no dices ***por favor***
pensará de ti cualquiera:
"qué malcriada,
qué grosera,
niña lépera de veras".

"O peor: como Nabor".

Es muy fácil la lección:
siempre, todo, ***por favor,***
siempre, todo, **por favor,**
siempre, todo, siempre, todo,
siempre, todo, **por favor.**

Y después de ***por favor,***
cuando obtienes lo que quieres
dices ***gracias,***
siempre ***gracias.***

Digo *gracias*, ***muchas gracias.***

Y yo digo aquí **de nada.**

Hija mía, ***por favor,***
repitamos la lección.
¿Cómo se piden las cosas?
¿Cómo "cómo"? **Por favor.**

¿Y qué se dice después?

¿Cómo "qué"? Se dice ***gracias.***

¿Y qué digo yo al final?

Dices **de nada,** mamá.

Por favor,
gracias,
de nada,
qué niña más educada.

¿A quién se parecerá?

D.R. © CIDCLI, S.C.
Av. México No. 145-601
Col. Del Carmen Coyoacán
C.P. 04100, México, D.F.

www.cidcli.com.mx

D.R. © Alonso Núñez
D.R. © Valeria Gallo

Ilustraciones: Valeria Gallo
Coordinación editorial: Elisa Castellanos
Cuidado de la edición: Andrea Fuentes Silva
Dirección de arte y diseño: La Caja de Cerillos
Diseño gráfico: Leonel Sagahón

Primera edición, junio 2011
ISBN: 978-607-7749-26-4

Queda prohibida la reproducción parcial o total, directa o indirecta del contenido de la presente obra, sin contar previamente con la autorización expresa y por escrito de los editores, en términos de la ley Federal del Derecho de Autor, y en su caso de los tratados internacionales aplicables, la persona que infrinja esta disposición se hará acreedora a las sanciones legales correspondientes.

Impreso en Malasia / *Printed in Malaysia*

¿Cómo se piden las cosas?
Se imprimió en el mes de junio de 2011
en los talleres de Tien Wah Press (Pte) Limited.
El tiraje fue de 4,000 ejemplares